諷 詩 調 · 29

2013년 3월

박진환 제47시집

지성 · 감성의 메타언어
조선문학시인선 · 344

諷 詩 調 · 29

2013년 3월

조선문학사

■ 책머리에

諷詩調는 문화적 혁명의 시미학이다

諷詩調는 살아있는 양심, 악을 외면하지 않고 직시하는 살아있는 용기만이 발견하고 투시할 수 있는 견자의 시각과 육성으로 외치는 문화적 혁명의 시 미학이다.

2013년 初夏

박 진 환

박진환 제47시집 / 諷詩調 · 29

2013년 3월

차례

설혹 산다 해도

행복기금, 행복기금 입입마다에 오르내리던데
글쎄? 돈으로 행복을 살 수 있는 건지
설혹 산다 해도 영혼의 행복에 값하는 삶 누릴 수 있는 건지

? ? ?

행복이란 무엇인가?

글쎄?

그보다 행복이란 게 있긴 있는 걸까?

행복은 불행

행복은 아편
마취동안만 맛볼 수 있는 마약기
깨고 나면 다시 찾아오는 고통의 등에 업혀오는 불행

맹물만도 못한 시대여서

행복기금, 돈으로 행복을 산다는 것인지 불행 면한단 것인지? 사건, 면하건 행복해지기만 하면 그만이지만, 돈으로 셈한 행복 땀으로 얻은것만 할지? 허긴 피보다 귀한땀 맹물만도 못한 시대여서

트기

가난한 삶과 욕망의 부자
흡사 흥부와 놀부 같다
나는 시방 흥부와 놀부로 합성된 탁맥이다

세상 바뀐 지 이미 오래됐어

가난하나 착했던 흥부와 부자이나 악했던 놀부
옛날엔 가난한 흥부 손들어 줬지만 지금은 아녀
가난이 악, 부가 선이거든, 세상 바뀐 지 이미 오래됐어

설검 못 면해

청와대 인사사과 대변인 내세웠다가 국민들 졸로 본다고 맹독설
졸이란 게 장기판의 졸이나 신라 시위부 졸이나 매한가지 졸개
초한시대도 신라시대도 아닌데 백성을 졸로 봤다간 설검 못 면해

설도 안 꺼내들겠나

인사실패 사과할 바엔 직접 하시지
대변인 대신 내세웠다가 설화에 휘말려
허긴 사과 대신 배 내민 꼴 됐으니 깎으려면 설도 안 꺼내들겠나

더 즐겨 휘두르데

옛날엔 늙은이 막대지팡이를 갈공이라 했는데
요즘엔 젊은이들이 더 즐겨 휘두르데
북녘 봐, 일삼는 공갈, 거꾸로 풀면 갈공이거든

운니지차거든

비는 데는 무쇠도 녹는다는데 녹기는커녕 녹은 쇠도 되굳어져
청와대 인사실책 사과가 안 그렇던가
진정한 사과와 형식적 사과는 운니지차거든

※ 운니지차(雲泥之差) : 구름과 땅과의 차이라 함이니 매우 차이가 심다하는 뜻.

빙탄불상용이나 안 될지

알 만한 사람들 왈 요즘은 청와대서 법 만든다고 하데
일테면 국회는 뭐 하느냐는 뜻과 함께 거꾸로 간다는 뜻일 터
허긴 잘만 어울리면 좋으련만 그러다 빙탄불상용이나 안 될지

※ 빙탄불상용(氷炭不相容) : 동방삭이는 풍자시 「禁辭」에 나오는 글귀로 숯과 얼음은 불을 보면 스러지고, 반대로 불은 얼음을 얻으면 꺼지는 것처럼, 성질이 정반대인 것을 가리키는데 쓰인 말.

거짓뿐이란 건 참말이다

인간의 가장 위대한 힘을 진실이라 하던데 거짓말이다
참말로 진정한 힘은 진실로는 드러낼 수 없는 것을 드러내는 힘
그것이 거짓뿐이란 건 참말이다

순수의 무게 때문이다

제 무게를 가누지 못한 꽃대궁이 몸째로 비스듬히 휘었던데
꽃의 무게 때문이 아닌, 꽃으로는 무게할 수도 계량할 수도 없는
신만이 주실 수 있고 계량할 수 있는 순수의 무게 때문이다

그게 문제로다

불량식품이 4대 악의 하나라면 불량식성은 5대 악의 하나다
육체를 병들게 하는 불량식품, 영혼을 병들게 하는 불량식성
육체냐? 영혼이냐? 둘 다 병들어가고 있으니 그게 문제로다

잿빛 빛깔 어둠보듯 뻔해

창조경제 모호한 개념 명료하게 설명하라는 요구에 당사자 진땀
정립된 이론으로도 뜻대로 안 돼는 게 장밋빛 경제 빛깔인데
아직까지 개념마저 미정립이라면 잿빛 빛깔 어둠보듯 뻔해

행 · 불행 KS마크나 안 될지

행복기금, 기금은 곧 돈이란 뜻이니 돈으로 행복을 일군단 건지?
산다는 건지? 돈 줘도 안 가져가는 불행을 팔아버린다는 건지?
그러다 사고파는 전매특허품, 행 · 불행 KS마크나 안 될지

한가 벗하시라고요

만발한 벚꽃, 여의도 1번지 어르신네들 잠시 구경들 허세요
그럴 틈이 없다고요? 한운야학 즐기시란 뜻이 아니구요
한가함이란 무언가 유익한 일을 위한 시간※이란 말 벗하시라구요

※ 한운야학(閒雲野鶴) : 하늘에 한가히 떠도는 구름, 들엔 절로 나는 학이란 말이니 한가를 즐김을 뜻함.

※ 미국의 저명한 정치가 B. 프랭클린이 자서전에서 한 말.

꽃

눈으론 빛깔을, 코론 향을 맡아 벗하면서도
눈으로도 코로도 보고 맡을 수 없는
빛깔이나 향으론 드러낼 수 없는, 없으면서 있나니 순수

똥차두 터져

꽃철 맞아 너도나도 상춘나들이, 꽃구경도 식후사란 왕 구식
배에 기름기 끼어봐, 눈요기만으로 똥차두 터져
문제는 눈요기 아닌 마음으로 가꿔 피운 꽃 즐길 줄 알아야 하는데

안여반석에 앉아볼지

휘두르는 핵실험, 핵공격 갈공에 맞서 B-2, B-52 등 띄워 맞불

고래싸움에 새우등 터진다더니 백성들만 전전긍긍

언제쯤 여좌침석 아닌 안여반석에 앉아볼지

※ 여좌침석(如座針席) : 바늘방석에 앉아있는 것같이 불안하다는 뜻.

※ 안여반석(安如磐石) : 반석과 같이 편안하고 든든하여 위태함이 없다는 말.

향후 자살율 최고엔 변함없겠네

APT는 수직 증축, 재정은 높은 절벽
안 그래도 최고가 한둘 아닌데 더 높아지면 뛰어내릴밖에
한강에서, APT에서, 높은 절벽에서, 향후 자살율 최고엔 변함없겠네

피살보다 불행한 서울의 자살자

서울 자살율 뉴욕의 5배, OECD국 중 최고의 권위 과시한 셈
어찌 자살뿐이겠는가, 성폭력 · 살인 · 강도짓도 매한가질 듯
자살하는 힘을 가진 자 행복하다던데, 피살보다 불행한 서울 자살자들

호매지이호골지나 안 될지

행복기금은 빚쟁이 위해서, 부동산 조처는 강남을 위해서
위해서나 위하여나 잔 부딪치는 브라보는 좋네마는
어쩐다, 쨍그랑 잘 깨지는 소리 호매지이호골지나 안 될지

※ 호매지이호골지(狐埋之而狐搰之) : 여우가 굴을 파고는 또 메운다는 뜻으로 해놓은 일을 금시 파괴함을 이름.

거짓말의 소굴이라 했겠나

신문은 문신, 기사는 사기, 거꾸로 돌리면 그러하다
기사로 새긴 문신이 그러하고, 잉크에 물을 타 쓴 기사가 그러하다
요즘 지면이 딱 그래, 달리 신문을 거짓말의 소굴※이라 했겠나

※ R. 롤랑(프랑스의 작가, 사상가)이 「내면의 여로」에서 한 말.

백난지중대전난

백난지중대인난은 옛분들 말씀, 지금은 백난지중대전난
사람 기다리기보다 전화 기다리기가 더 힘들다는, 꾸며본 말인데
논공행상 꿈꾸며 전화 부르심 기다리는 이가 그리 많다며

※ 백난지중대전난(百難之中待電難) : 일종의 조어로서 많은 어려움 중에서도 전화 기다리며 겪는 고통이 그중 어렵다는 뜻.

※ 백난지중대인난(百難之中待人難) : 많은 어려움 중에서도 사람 기다리는 것이 그중 어렵다는 뜻으로 쓰인 말.

이러하지 않던가

일이 없다는 것은 작은 일이 아닌 큰일이다
일 없으면 땀 흘릴일 없고, 땀 흘리지 않으면 거둘일 또한 없기 때문
없음이 있음의 큼이 되는 소의가 이러하지 않던가

더 행복한 일이 달리 또 있던가

할 일이 있다는 것과 일을 할 수 있다는 것
하는 일을 사랑하며 즐겁게 한다는 것
이것보다 더 행복한 일이 달리 또 있던가

한반도 발병지대 안 될지

전쟁을 전염병이라 했던데, 미는 한반도에 B-2 B-52 띄우고
북은 괌 향해 미사일 겨누고, 이러다 한반도 발병지대 안 될지
안 그래도 부정·부패 창궐하고, 자살·성·사기 등 암 만연지댄데

거짓이 섞여 있단 점이다

꿩꿩, 구구구, 지지베베, 꼬르르, 각기 다른 날짐승들의 발성
인간들이 달리 굴리는 혀와 다름없으나 같으면서 다른 건
저것들 말엔 거짓이 없고, 인간들의 말엔 거짓이 섞여 있단 점이다

소방법엔 조항이 없어서요

대형 산불 탓 이제 소나무로 돌리데
원인은 불씨, 결과는 송진기 많은 소나무 때문
산신령님, 어느 것이 정답인가요, 소방법엔 소나무 조항이 없어서요

웃기셔, 누가 읽어보기나 하나

해양수산부장관 내정자 청문회 지켜보며 "정말 모르는 걸까?"
"저 지경이면 맡아 관장할 해양수산부 한자로나 쓸 수 있을까?"
"여보, 이렇게 썼다간 잡혀가겠지?" "웃기셔, 누가 읽어보기나 하나"

형 뒤에 있었네

공갈 · 엄포 · 엄살 삼박자에, 협박 · 깡다구 · 호부우 즐기는 북녘
거기에 미사일에 핵에 G2형까지 등에 했으니 백도 든든
가장 강한자는 혼자서서 나아가는 자라던데, 에게게 뒤에 형 있었네

※ 호부우(虎負圩) : 범이 산모퉁이에 의지하여 있으면 그 용맹을 당할 수 없다는 뜻으로 영웅이 한 지방에 할거함을 비유한 孟子의 말.

G2에 따라 그러잖아

납작코 · 개코 · 사자코 · 용코 · 매부리코 등 코엔 종류가 많다
종류뿐만이 아니라 기술 또한 둔갑술 수준이다
강자 앞에선 납작코, 약자 앞에선 양코, G2에 따라 코가 그러잖아

세상도 다르지 않은 것을

간밤 주정꾼 짓일 듯싶은 계단에 토해놓은 더러운 토사물
정작 처먹어서는 안될 것 처먹고도 게워낼 줄 모르는 건위들 세상에
울분 대신 토해냈을 토사물, 탓해 뭣하랴, 세상도 다르지 않은 것을

정치와 활의 이치 또한 그러하다

비록 활은 등이 굽었지만 곧은 화살이 있어 과녁에 명중한다
비록 실정으로 돌린 등 굽었지만 바르게 행하면 펴지기 마련이다
政을 正이라 함이 그러하고 정치와 활의 이치 또한 그러하다

어느 청문회 견문기

아는 것을 안다하고 모르는 것을 모른다함이 곧 앎이란 공자의 말씀
모름을 알았으면 깨달음이 분명한 明이 되나
나아가고 물러섬 모르면 행할 바 또한 모름이니 무명이 되는 것을

저 화상이 내 모습이라니

여권 갱신용 사진을 찍었다, 웃음이라곤 말라 비뚤어진
오기 · 고집 · 몽니로 도배한 찜찜하다못해 굳어버린 상판대기
늘 웃고 산다 싶었는데 웬걸, 찜찜한 저 화상이 내 모습이라니

가렴주구로도 못 막아

세원 밝히려 쌍불 켜듯 공금횡령 감시에도 쌍불 켜야
터졌다 하면 공금횡령, 횡령했다 하면 봇물 터진 공금
혈세 누수 못 막으면 세세세 터지는 물꼬 가렴주구로도 못 막아

no bell

미래창조, 창조경제, 창조금융을 비롯해 요즘 창조가 대세인데
정작 생명인 문학에선 방언 신세 못 면한 창조
허니 어찌 노벨문학상 소식 기다리랴; 한림원전화 Nobel 아닌 no bell인걸

고혈압

서울시 고혈압 환자 8명 중 1명꼴이란 통계
짜게 먹고 짜게 놀고 짠돌이 짓하다 올린 핏대니 누굴 탓해
짜고짜고 또 짜도 피 한 방울 안 흘릴 짠돌이 주제에 핏대 올리긴

소의 덕

우직하나 참음이 있고, 힘 지녔으나 만용이 없고, 수고로우나
속임이 없고, 느리나 부지런함이 있으니 있고 없음이 다 덕이다
실덕의 인간보다 귀한 덕을 지닌 소가 대인 소의가 이러하다

개의 三德

주인 섬기니 忠이요, 도둑 물리치니 勇이요, 집 지키니 信이다
개 같은 세상은 옛말, 개만도 못한 신식 세상에
충·용·신 지녔으면 사람보다 나음이 아니던가

닭의 六德

머리에 벼슬 있으니 文, 날카로운 발톱 지녔으니 武, 싸울 줄 아니 勇, 모이 나누니 仁, 새벽 알리니 信, 한마당 한족하고 사니 和, 아시는가 닭의 六德을, 몸뚱이로 사는 만물의 영장인 肉德의 고깃덩이들아

고양이의 꿈

시간만 나면 잠을 자는 소이인즉 꿈을 꾸기 위함이다
잠 속에서도 접었다 폈다 발톱을 세워 치타나 표범을 흉내하는 꿈
저놈이 꾸는 야성의 꿈이 꿈을 잃고 사는 인간보다 낫지 않은가

앵무새

"따라해, 나는 정치학박사다, 국회의원이다"
"나는 정치학박박박사다 국회의의의원이다", 잘했다
뭘 잘했냐고? 흉내하기, 정치란 게 흉내하기 아니던가

돼지 목이 더 낫지

등치에 비해 꼬리는 꼴불견, 그나마 목은 아예 없다
없으면 뭐하고 있으면 대수냐? 긴 목 빼 기다리고
기웃대고, 넘보고, 숙이고, 훔쳐보는 목보다야 없는 게 낫지

도시의 비둘기들

도시의 비둘기들은 놀래 날아가는 반구의 자연성이 퇴화해버렸다
가까이 가는 사람은 물론 총소리에도 건성이다, 다만
마음이 콩밭에 있을 뿐, 인간도 매한가지, 돈밭에 마음이 가 있거든

※ 반구(斑鳩) : 산비둘기.

쥐와 도둑

서굴이나 소굴이나 다 도둑들이 숨어사는 곳이니 쥐구멍이다
법이란 고양이가 지켜도 속수무책, 쥐구멍 못 면한 도시
인간 도둑도 六畜이 지닌 덕 못 지닌 쥐와 같으니 다를 바 없음이다

六畜에게서 배운다

소에게선 忍을, 말에게선 약진을, 개에게선 忠을
닭에게선 信, 양에게선 平, 돼지에선 복을 배운다
六畜에게도 덕이 있어 배우니 자랑하는 만물의 영장임이 부끄럽다

희언 아닌 진언의 축약형일 듯

나랏님 여당 지도자 회동하고 던진 농담 상사병 났다고
진중희언무는 아닐 듯싶고 농담 중 진담도 아닐 듯싶다
정치 밀월에서나 가능한 희언 아닌 盡言의 축약형일 듯

※ 진중희언무(陣中戲言無) : 제갈량이 한 말로 싸움에 임하는 군사의 무리에게 농담 같은 명령이나 지시는 있을 수 없다는 삼국지연의에 나오는 말.

진 빚 무거우면 허리 못 펴지

국가 빚 500조에 국민 1인당 부채 1천만 원 시대 눈앞
허리띠 졸라매고 또 졸라매도 못 펴는 허리
한반도가 달리 허리 굽었겠나, 진 빚 무거우면 허리 못 펴지

딱 그래

요즘 한반도 기류, 추웠다 풀렸다, 비 오다 눈 오다
하루는 남녘 날씨, 하루는 북녘 날씨
정치기류 흉내하나, 갈등기류 흉내하나, 한반도 봄 날씨가 딱 그래

헌데도 영웅대접이니

북녘 다단계 로켓실험 즐기더니 압박 · 공갈 수위도 다단계
본대로 배운 대로 행한 걸 보면 착하긴 헌데 보통사람 못 면한 듯
헌데도 영웅대접이니 개세영웅인가, 초로간웅인가

※ 개세영웅(蓋世英雄) : 위력이나 기상이 세상을 뒤덮을만한 영웅.
※ 초로간웅(草露奸雄) : 하찮은 영웅.

빵점 인간인걸

영웅은 큰 죄와 큰 덕을 겸하고 있다
영웅이 영웅을 말한 플루타크 영웅전에 나오는 말이다
큰 죄에 큰 덕 겸하면 뭘해, 죄와 덕 상쇄하면 제로, 빵점 인간인걸

변덕 심한 봄 날씨

하루는 북녘 흉내, 하루는 남녘 흉내, 요즘 날씨는 화냥년
양보 없는 남북의 기싸움을 사랑싸움쯤으로 아는지
미친년 같은 봄 날씨의 도진 화냥기가 그걸 흉내하고 있네

이른 아침 골목 풍경

먹물 터뜨린 어둠에도 취기가 있는지 十가가 벌겋게 취해 있다
질세라 卍기가 더 시뻘겋게 취해 몸을 가누지 못하고 있다
세상이라고 다르랴; 하루하루 삶에 취해 붉은 피 흘리고 사는 것을

프로이트식 퇴행이나 아닐지

도시민 52%가 귀촌·귀농 희망이라니 돌아갈 곳 있어 좋겠네마는
갈 곳 몰라 헤매는 떠돌이들은 죽지 못해 사는 세상
길마다 나아갈 길 막혀 물러서는 프로이트식 퇴행이나 아닐지

세상 식성인데

고추를 먹는다 달큰한 끝부분과 달리 꼭지부분은 뱉아낼만큼 맵다
매우면 대수냐; 한번 물어 씹었는데 뱉으면 억울하지
황금이고 쇠고 물었다 하면 뱉는 법이 없는 것이 세상 식성인데

겸천하지구만 즐기니

나랏님 대여소통에 대야소통까지, 늦은감 없지 않지만
내친김에 막힌 남북 언로 물고까지 터졌으면 오직 좋겠나만
북녘, 말 대신 미사일 탄두 내밀기 아니면 겸천하지구만 즐기니

※ 겸천하지구(鉗天下之口) : 세상 사람들의 입을 막아 말을 못하게 한다는 뜻.

사또고 뭐고 없어

부가 늘면 덕은 줄어든다던데, 허면 가난하면 덕은 부자 될까
옛 분들 의식족이지예절이라 했던가, 허사 아닌 것이
굶어봐, 배고픈 호랑이 원님 못 알아보듯이 사또고 뭐고 없어

※ 의식족이지예절(衣食足而之禮節) : 의식이 충족해야 예절을 안다는 말이니 먹고 입음이 넉넉지 못하면 예를 갖출 수 없다는 말.

개나리 필 무렵

산도 춘궁기 못 면했는지 황달에 걸려 노랗고
빈혈기 못 면한 영양실조의 가지 흔드는 바람의 심술 도지고
꽃샘추위도 누굴 닮았나, 꽃잎 폈다 오무렸다 꼬라지 부리고

욕됨까지 부르다니

왕좌대재 부러운 것도, 자랑할 것도, 탓할 것도 없어
물맛 좋은 우물이 쉬 마른다 않던가, 분수껏 족할 줄 아는 삶
그것이 곧 행복인 것을, 욕심이 욕심을 불러 욕됨까지 부르다니

※ 왕좌대재(王佐大才) : 왕을 모실만한 큰 재능.

꿈보다 두려운 파몽

귀농·귀촌, 도시인이면 누구나 한번쯤 꾸어본 꿈

밭 갈고 씨 뿌리는 꿈 어찌 즐거운 꿈 아니겠는가마는

일궈놓은 삶마저 되묻지나 않을지 꿈보다 파몽이 두려운 도시인들

주변국들 봐

불붙으면 끄는 것이 도리거늘 남의 집 불구경 않는 군자 없다는 식
그래도 그건 다행, 맞불 놓기 일쑤인 게 세상 심보
남북 대형화재 발화 지켜보며 구화투신 즐기는 주변국들 봐

※ 구화투신(救火投薪) : 불을 끈다고 장작을 던진다 함이니, 근본을 다스리지 아니하고 서둘러 행동하다 더욱 일을 악화시킨다는 뜻.

닫혀 있는 귀 열지 않아서

너의 원수로 해서 뜨겁게 난롯불을 지피지 말라, 오히려 그 불이
너 자신을 태우리라고 말한 것은 셰익스피어
이 말 누구에겐가 꼭 해주고 싶은데 닫혀 있는 귀 열지 않아서

같은 것이거든

중국은 북녘을, 미국은 남녘을 찾아 발걸음이 바빠졌다
G2가 知投를 취함이니 구화투신을 버림이다, 취하고 버림이
무엇을 구하고, 무엇을 피할 것인가의 지혜와 같은 것이거든

개똥철학

이빨로 씹어 삼킨 것이 일으킨 복통은 똥으로 내지르면 그만이지만

이빨도 없이 씹지 않고도 삼킨 것이 일으키는 복통은

내지른 똥을 얼굴에 처바르거나 온몸에 끼얹어 뒤집어쓰게 한다

팬티

행커치프만한 크기로 원시와 문명을
음과 양을 감추는
가장 작은 것으로 가장 큰 것을 가리는 노린내 나는 가리개다

시인은 거짓말쟁이다

꽃이 피었다, 노랗고 빨갛고 하얗게 피었다는 사실이다
개나리가 황달기가 완연하다, 진달래가 피로 세수를 했다
목련이 빈혈을 앓고 있다는 사실 아닌 거짓, 시인은 거짓말쟁이다

세 종류의 시인

참말만 하고자 하는, 참말밖에 할 줄 모르는 시인은 3류 시인
거짓말만 하고자 하는, 거짓말밖에 할 줄 모르는 시인은 2류 시인
거짓말로 참말보다 더 큰 감동을 안겨주는 시인은 1류 시인

시인 3등식

시가 신앙이고 종교인 시인은 1류 시인

시가 무엇인지 모르고 쓰면서도 시가 좋아 쓰는 시인은 2류 시인

시가 명예이고, 명예의 수단으로 쓰는 시인은 3류 시인

시인 분류법

시를 멋으로 알고 멋만 부리는 시인은 4류
시를 정서나 관념의 유희로 알고 즐기는 시인은 3류
시를 기술로 알고 기술로 쓰면 2류, 생명으로 알고 피로 쓰면 1류

시인의 의무

시를 쓰는 것
열심히 쓰고, 잘 쓰고, 좋은 시를 쓰는 것
진짜로는 잉크가 아닌 피로 쓰고, 피로 써서 생명하게 하는 것

잉크에 물을 타 쓴 시

시인은 시로 말한다, 하여 시는 시인의 언어 · 생명 · 분신
시가 피로 씌어진 소의가 이러하거늘
피 아닌 잉크, 그것도 잉크에 물을 타 쓴 시가 판을 치다니

하얘진 머리

해양수산부장관 차라리 해녀를 시키라고 꼬집었던데
청문회에서 하얘진 머리 청자만 들어가도 검었다노랬다 경기할 수도
허긴 누가 알아, 색깔 달리하다 전화위복, 크레메스 6세 될지도

※ 크레메스 6세 : 14C 프랑스 승려로서 머리를 얻어맞고 뇌출혈을
일으켰으나 수술 후 머리가 좋아져 법왕이 되었음.

세상이 다 아는 일이거든

북녘, 국보 핵 남북 공유재산이라고 하던데
미국 핵은 핵몽둥이라 하고 북녘 핵은 국보라니
창해유주쯤으로 아시는가본데, 세상이 다 아는 일이거든

※ 창해유주(滄海遺珠) : 바닷속 진주라 함이니 남이 알지 못하는 희귀한 물건이란 뜻.

왜 흰소리는 하는지

핵, 남북 공유재산화, 실로 기발한 발상 아닌가
발상 기발하면 뭘해, 정작 남녘에선 환상 · 공상 · 망상이라는데
실없는 소리, 논할 가치도 없지만 왜 흰소리는 하는지

총리님 뵙기보다 더 어렵다데요

국무총리님, 국민에게 하실 말씀 없으신지요?

세종시에 있어야할 총리실이 서울로 와버렸다면서요?

해서 세종역 사람 구경하기가 총리님 뵙기보다 더 어렵다데요

미국 양반들

테러다, 화재다, 터졌다 하면 대형사고
거기다 총기난사로 살인 일삼는 양키즘까지
제 코가 석자인데다 G2 콧대만 높이시는 미국 양반들

창조미래 장밋빛인데

금리인하 종용에도 굴하지 않고 금리동결한 고집불통 금융수장
경제추락 예견하며 경제위기 제기하는 걱정 많은 경제수장
걱정도 팔자셔, 경제민주화, 창조경제에 창조미래 장밋빛인데

민주표 · 창조표 경제 있거든

글로벌 경제위기 백서, 잿빛 먹구름 끼어 있는데
다행히도 코리아는 예외 지역, 비방의 처방전 가졌거든
뭐냐고? 경제 특허품, 민주표 · 창조표 경제 있거든

없애버리는 게 낫겠다고

세종시 지하철 역사에 수천만 원 쏟아 부었는데
아침저녁 출퇴근길에 이용객 고작 손꼽을 정도
보다 못한 뜻있는 분들, 차라리 없애버리는 게 낫겠다고

약발 미지수인 신약

경제전문가들 진단서엔 '한국경제 추락위기'로 기록
서민들 시각은 '걱정도 팔자, 우린 처방전 있잖느냐고'
있긴 있지, 경제민주화, 창조경제라는 약발 미지수인 신약

북녘 빚은 얼마나 되는지?

박근혜 정부 추경예산 증액으로 향후 2년 뒤 국채 500조원
벌어서 못쓰니 빌어 쓰고 갚으면 그만이지만, 하나 궁금한 건
부자 남녘이 이러하면 가난한 북녘 빚은 얼마나 되는지?

언제적 이야기지

핵을 국보로는 부족해 생명으로 신성시 하는 북녘
이완 달리 핵을 저주·분노·멸망의 재앙으로 보는 남녘
보고, 느끼고, 생각한 것 이리 다르니 배달민족 언제적 이야기지

납작코 못 면하고

미는 테러에 화마에 몸살, 중은 대참사 지진으로 경악
G2라고 별 수 있나, 대재앙 앞엔 맥도 못 추는걸
그래도 콧대만은 G자로 높고, 쳐다보는 코들은 납작코 못 면하고

창조경제 장밋빛일지?

한국경제 성장전망 아시아에서 최하위, 회복은 2년 후쯤으로

2년 후면 국채 500조원시대, 빚에 눌려 회복세 주저앉지 않을지

한국경제 추락위기설 근거 있었네, 헌데도 창조경제 장밋빛일지?

뒷걸음이나 안칠지

일 아베노믹스에 밀려 역전 당한 한국경제

역전이야 逆戰 펼쳐 뒤집을 수 있지만

달려도 앞서가기 어려운 게 경제 현실인데 뒷걸음이나 안칠지

스피드시대

기계문명시대의 대명사 스피드

스피드에 이끌려 머뭇거릴 틈이 없는 숨 가쁜 현대

현대란 쾌속벨트에 말려 기어의 톱니바퀴에 마멸되어가는 인간

금광 따로 있다고?

검은 비리의 콘크리트로 포장된 지하경제 갱도 파헤칠 때마다
누런 황금 광맥 드러내는 부정 포탈·탈세 은닉의 금광
금생여수라고? 웃물 흙탕물인데 금이 나온다고? 금광 따로 있다고?

※ 금생여수(金生麗水) : 금은 아름다운 물에서 나온다는 뜻.

의문부마다 꽃인걸 뭘 물어

안산 벚꽃길 인산인해 봄나들이, 울긋불긋 꽃보다 고운 패션

때맞춰 유아 · 유치 · 보육원 원생들까지 소풍나들이

진짜 꽃, 벚꽃이냐? 패션이냐? 어린이냐? 의문부마다 꽃인걸 뭘 물어

이쪽과 저쪽

안산 둘레길 굽이굽이 열두 굽이, 진달래 · 개나리 · 벚꽃 꽃길
꽃길 따라 걷다보면 꽃길 저쪽 콘크리트 숲은 사바
낙원이 어디냐고 묻지 말게나, 꽃길 이쪽이 곧 낙원인 것을

노욕의 하나이지만

세월의 무게 우산으로 받을 수 없는 傘壽 때쯤이면 안다
욕망의 무게 하나둘씩 빠져나가 가벼운 마음이 된다는 것을
마음이 홀가분해야 오래 산다는 영국식 믿음도 노욕이긴 하지만

웃던 웃음도 그치게 돼

엔고에 소고, 높낮이 장단에 신명난 일본 아베노믹스
소고치듯 웃음소리 높이다가 헛바람 들어 엔코나면 납작코 돼
납작코 되면 멍코, 멩멩이 소리로 웃던 웃음도 그치게 돼

하여 미지수

경제도 창조, 정치도 창조, 경영도 창조, 미래도 창조
신 아닌 인간에게도 창조의 능력이 주어졌던가, 주어졌다면
무엇을 창조할 것인가? 찍어도 찍어도 답이 없는 의문부, 하여 미지수

황천객 돼

어린이집 횡령액이 무려 300억 원이라니, 어린이 피를 뽑은 셈

아무리 피에 굶주리기로서니 모기다리에서 피를 뽑을 수야

그러다 배터지면 횡령에 횡사 황천객 못 면해

불량부품이라도 있었으면

원전 불량부품 사용으로 가동정지 불가피 앞두고
전기공급 차질 걱정 앞세우던데 안전성 차질 걱정 먼저 해야지 않겠나
안전불감증 교체할 부품 없으니, 불량부품 탓만 할 일 아니네

이 쌩얼이 내 모습인 것을

얼굴에 박힌 기미·점·저승꽃, 레이저칼로 긁어 파버렸다
칼자국마다 말이 아닌 흉터, 얼굴은 마음으로 형을 만든다던데
마음에 따로 얼굴 지니지 못했으니 이 쌩얼이 내 모습인 것을

법구경에

서로 비방 · 모함 · 헐뜯기 · 깎아내리기 반세기가 넘었으니
도가 터도 제대로 텃을 터, 불행한 건 칭찬 · 존중 · 높임 · 선망이 아닌
한참을 잘못된 도, 법구경에 도를 잃으면 스스로 죽는다 했던가

어린이왕국 될 것을

어린이집, 나라의 꽃 가꾸는 꽃밭인줄 알았더니
웬걸, 도둑놈 소굴, 귀한 꽃들 도둑에게 맡긴 셈, 차제에
사립, 국립화 하면 도둑 소탕되고 소굴 어린이왕국 될 것을

•

박진환 시인은 전남 해남 출신으로 동국대 국문학과를 거쳐 중앙대 대학원을 졸업(문학박사)했다. 1960년 동아일보 신춘문예(詩)·1963년 自由文學(문학평론)으로 문단에 데뷔했고, 국제PEN한국본부 사무국장 및 이사, 한국문협 고문을 역임했다. 제9회 시문학상, 제3회 비평문학상, 펜문학상, 윤동주문학상 등을 수상했고, 한서대학교 교수 및 예술대학원장을 역임했으며 현재 월간『조선문학』발행인 겸 주간으로 있다. 중요 저서로는 시집에『귀로』,『사랑법』,『꽃시집』,『三行詩抄』Ⅰ~Ⅺ『諷詩調』,『박진환시전집』Ⅰ·Ⅱ·Ⅲ·Ⅳ·Ⅴ,『物神時代』Ⅰ·Ⅱ·Ⅲ·Ⅳ·Ⅴ,『동굴일지』Ⅰ·Ⅱ·Ⅲ·Ⅳ·Ⅴ,『2012년 8월』에서『2013년 7월』까지 51권의 시집이 있고 평론집으로『한국현대시인론』,『현대시론』,『21C시학과 시법』등 다수와『한국시의 공간구조연구』,『21C 시학』,『시창작론』,『諷詩調詩學』외 다수의 역저가 있다.

•

조선문학시인선 344

諷 詩 調 · 29

2013년 3월

2013년 7월 20일 인쇄
2013년 7월 30일 발행

지은이 / 박진환
발행인 / 박진환
펴낸곳 / 조선문학사
등록번호 / 1-2733
주소 / 110-092 서울 서대문구 홍제2동 96-4
전화 / 02-730-2255
팩스 / 02-723-9373

ISBN 978-89-98115-25-8

정가 10,000원